Die schönsten Naturgeschichten

Herausgegeben von
Anne Steinwart

Mit Bildern von
Julia-Michelle Neumann

Hase und Igel®

Für Lehrkräfte gibt es zu diesem Buch ein ausführliches
Begleitmaterial mit Klassenposter beim Hase und Igel Verlag.

Sonderausgabe mit Silbenhilfe

© 2002/2016 Hase und Igel Verlag GmbH, München
www.hase-und-igel.de
Lektorat: Patrik Eis
Druck: Grafisches Centrum Cuno GmbH & Co. KG

ISBN 978-3-86760-215-0
1. Auflage 2016

Inhalt

Erwin Moser:
Die Distel 5

Gina Ruck-Pauquèt:
Pippa und der Vogeldrachen 9

Sven Nordqvist:
Wie Pettersson
wieder bessere Laune bekam 16

Arnold Lobel:
Der Frühling 24

Paul Maar:
Das kleine Känguru
und der Regenschirm 35

Otfried Preußler:
Der kleine Wassermann 48

Die Distel

Manuel und Didi
gehen spazieren.
Es ist sehr schwül.

„Schau, Didi", sagt Manuel,
„was ist das
für eine schöne Blume?"

Beim Näherkommen
sehen die beiden Mäuse,
dass die „Blume"
eine große Distelstaude ist.

Zwei Käfer stehen
unter der Distel.
Sie wollen sie umhacken.
„Die Distel ist hässlich
und stachelig!", sagen sie.
„Sie verschandelt
unsere Wiese!"

„Lasst sie doch stehen!",
sagt Manuel.
„Wir finden sie schön
und bestimmt
ist sie auch zu etwas nütze!"

Die Käfer wollen sich nicht
überreden lassen.

Plötzlich donnert es.
Der Himmel
ist dunkel geworden.
Ein Gewitter zieht rasch heran.

Unter der Distel
bleiben die Mäuse
und die Käfer trocken.
„Seht ihr?",
sagt Manuel.

Die Käfer legen still
ihre Äxte beiseite.

Erwin Moser

Pippa und der Vogeldrachen

Im Oktober bauen die Kinder
einen Drachen.
Es wird ein Vogeldrachen.
Weite bunte Schwingen hat er
und große blaue Augen,
mit denen er Pippa anschaut.

Abwechselnd halten die Kinder
die Schnur
und rennen damit los.
Pippa läuft mit.

Hoch hinauf
steigt der Vogeldrachen,
bis er ganz klein aussieht.
Aber die richtigen Vögel
fliegen doch noch viel höher.

Wenn die Kinder
die Schnur aufspulen,
muss der Drachen
heruntersteigen.
Dann liegt er
auf dem gelben Stoppelfeld.
Und Pippa meint,
dass er sie traurig ansieht.

„Jetzt geht ein toller Wind!",
rufen die Kinder.
Und sie lassen den Drachen
wieder hochsteigen.

„Darf ich ihn auch mal halten?",
fragt Pippa.
„Ich will ihn auch mal halten."

„Lass ihn aber nicht los!",
sagen sie
und drücken Pippa
die Schnur in die Hand.

Pippa fasst sie
mit beiden Händen.
Sie spürt, wie der Drachen
da oben zuckt und bebt.
Er will fortfliegen, denkt sie.
Er ist ein Vogel und will
mit den anderen Vögeln ziehn.

Und auf einmal tut ihr
der Drachen so leid,
dass sie gar nicht
anders kann:
Sie lässt die Schnur los.

„Pippa!", schreien die Kinder.
„Jetzt ist er weg!"

„Sie hat ihn eben
nicht halten können",
sagt einer der großen Jungen.
„Sie ist noch zu klein."

Das ist aber nicht wahr.
Pippa hätte den Vogeldrachen
gut halten können.

Jetzt segelt er
oben am blauen Himmel dahin.
Er ist frei.
Immer höher hinauf steigt er
und bald wird er
in der Ferne verschwinden.

Pippa schaut ihm nach,
bis ihre Augen schmerzen.
Weil der Himmel so hell ist.

„Du brauchst nicht zu weinen",
sagen die anderen Kinder.
„So schlimm ist es auch nicht."

Aber Pippa weint gar nicht.
Sie denkt,
dass der bunte Vogeldrachen
jetzt sehr, sehr glücklich ist.

Gina Ruck-Pauquèt

Wie Pettersson
wieder bessere Laune bekam

Pettersson holte
den Rucksack und die Stiefel
und grub ein paar Regenwürmer
aus dem Kartoffelacker.
Er steckte den Kater Findus
in den Rucksack,
nahm die Angel und die Würmer
und dann gingen sie zum See.

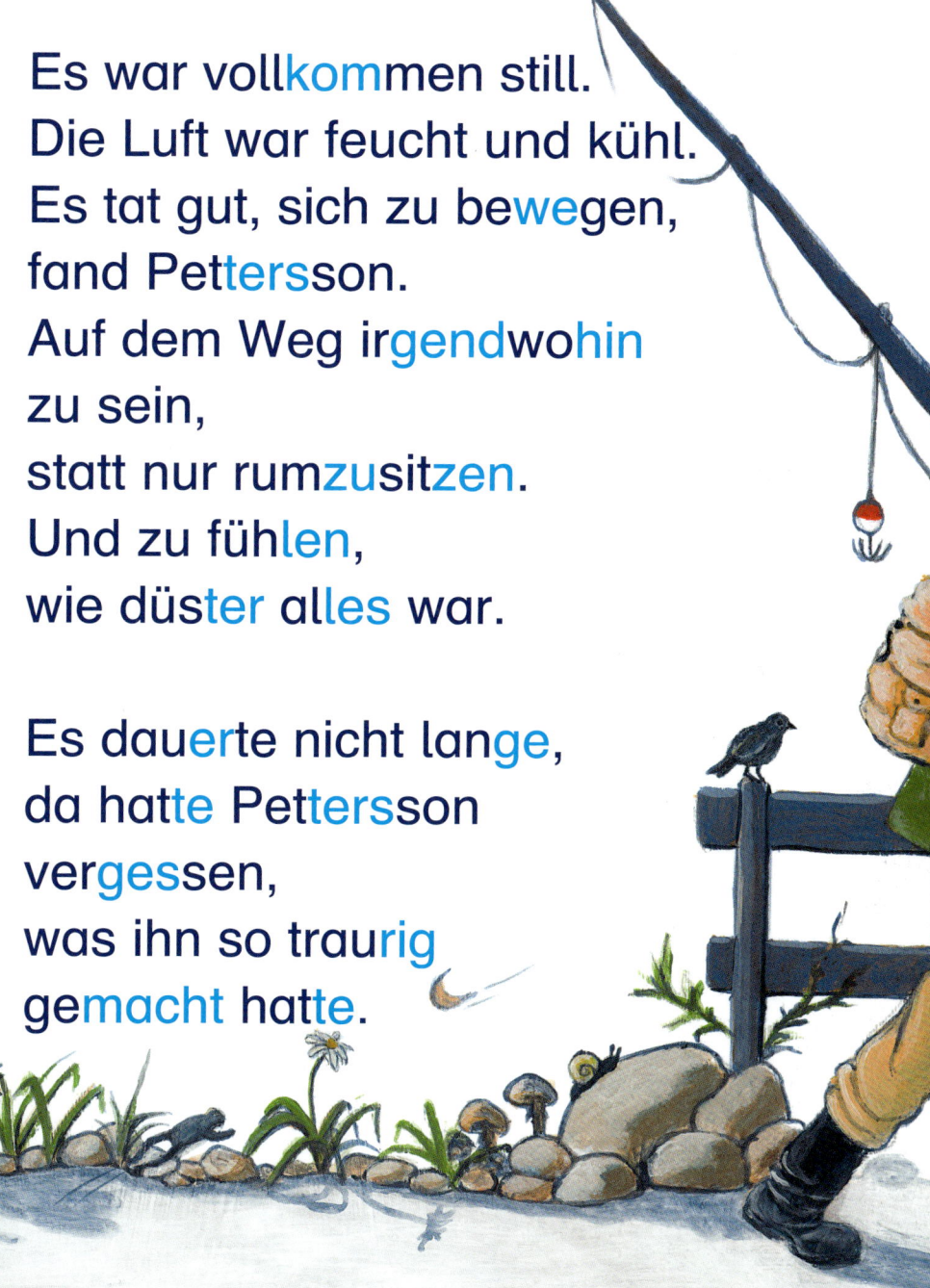

Es war vollkommen still.
Die Luft war feucht und kühl.
Es tat gut, sich zu bewegen,
fand Pettersson.
Auf dem Weg irgendwohin
zu sein,
statt nur rumzusitzen.
Und zu fühlen,
wie düster alles war.

Es dauerte nicht lange,
da hatte Pettersson
vergessen,
was ihn so traurig
gemacht hatte.

Sie gingen über die Wiese
und dann
den Pfad zum See hinunter.
Pettersson schob das Boot
ins Wasser
und ruderte hinaus.

Findus saß ganz vorn
und hielt Ausschau.
Er fand Angeln aufregend.
Er wurde munter
und konnte
nicht mehr ruhig bleiben.

„Stell dir vor", sagte er,
„wenn ein Hecht anbeißt,
der SOOOOO groß ist,
und der springt dich an
und beißt dich,
dann nehm ich ihn – so –
und werf ihn
auf den Boden und …"
Findus hopste herum
und stieß in die Luft.

Pettersson kriegte ihn
gerade noch zu packen,
als er kurz davor war,
über Bord zu fallen.

„Du sollst dich im Boot
ruhig verhalten, Kater",
sagte er streng
und drückte Findus
auf die Sitzbank.

Dann flüsterte er:
„Hörst du, wie still es hier ist?
Manchmal ist es schön,
wenn es einfach nur still ist."

Findus begriff,
dass es das Beste war,
noch eine Weile ruhig zu sein.
Er sah, dass der Alte
auf dem besten Weg war,
seine gute Laune
wiederzufinden.

Eine ganze Viertelstunde
saßen sie ganz still.

Nur das Wasser war zu hören.
Der See war grau.
Der Himmel war grau.
Rundherum
stand der dunkle Wald.

Das goldene Herbstlaub
war gefallen.
Das Sommergrün
war ins Braun-Grün-Grau
des Herbstes übergegangen.

Aber die feuchte Luft
ließ die Farben kräftig leuchten.
Im Augenblick fand Pettersson,
dass dies noch schöner war
als all das Grün im Sommer.

„Das war keine dumme Idee,
angeln zu gehen", sagte er.

„Hab ich's mir doch gedacht",
sagte Findus.

Sven Nordqvist

Der Frühling

Der Frosch lief über die Wiese
zum Haus der Kröte.
Er klopfte an die Haustür.
Niemand antwortete.

„Kröte, Kröte", rief Frosch,
„wach auf! Der Frühling ist da!"

„Boaah", tönte eine Stimme
aus dem Haus.

Frosch rief lauter:
„Kröte! Kröte!

Die Sonne scheint!
Der Schnee schmilzt!
Wach auf!"

„Bin nicht zu Hause",
murrte die Stimme.

Da machte Frosch
ganz einfach die Tür auf.
Im Haus war es dunkel.
Alle Fensterläden waren zu.
„Kröte, wo bist du?",
fragte Frosch.

„Mach, dass du rauskommst",
sagte die Stimme.
Sie kam aus der Ecke,
in der das Bett stand.
Im Bett lag Kröte.
Sie hatte sich
in ihre Decken verkrochen.

Frosch zog Kröte aus dem Bett.
Er schubste sie durchs Haus
zur offenen Tür.

Kröte blinzelte in die Sonne.
„Hilfe!", schrie sie.
„Ich kann
kein bisschen sehen."

„Unsinn", sagte Frosch.
„Natürlich kannst du sehen.
Du siehst den April
mit seinem warmen,
hellen Licht.
Und das bedeutet,
dass die schönste Zeit
im Jahr beginnt.
Stell dir vor,
wir hüpfen über die Wiesen,
wir streifen durch die Wälder,
wir schwimmen im Fluss.

Und abends sitzen wir
vor der Haustür
und zählen die Sterne."

„Zähl sie allein!", sagte Kröte.
„Ich bin viel zu müde.
Lass mich schlafen."
Kröte wankte ins Haus zurück.
Sie legte sich ins Bett
und zog die Decken
wieder über ihren Kopf.

„Aber Kröte", schrie Frosch,
„du versäumst das Schönste!"

„Wieso?", blubberte Kröte.
„Wie lange habe ich denn
geschlafen?"

„Seit November liegst du hier
und pennst", antwortete Frosch.

„Dann", sagte Kröte,
„schadet es mir auch nicht,
wenn ich noch ein bisschen
weiterschlafe.
Komm Mitte Mai wieder vorbei
und wecke mich.
Gute Nacht, Frosch."

„Aber Kröte", sagte Frosch,
„was soll ich denn
so lange machen ohne dich?"

Kröte gab keine Antwort.
Sie war wieder eingeschlafen.

Da entdeckte Frosch
den Kalender.
Der November
war noch obenauf.
Frosch riss den November ab.

Er riss den Dezember ab,
den Januar, den Februar
und den März.
Jetzt war er
beim April angelangt.
Und er riss auch den April ab.

Dann lief er zu Krötes Bett.
„Kröte, wach auf!
Der Mai ist gekommen."

„Was?", fragte Kröte.
„So schnell?"

„Klar", sagte Frosch.
„Schau doch auf den Kalender."

Kröte schaute auf den Kalender
und wirklich –
der Mai war obenauf.

„Stimmt", sagte Kröte.
„Es ist wirklich Mai."

Und sie kletterte aus dem Bett.

Dann lief sie mit ihrem Freund
nach draußen, um zu sehen,
wie die Welt im Frühling
ausschaut.

Arnold Lobel

Das kleine Känguru
und der Regenschirm

Im April
regnet es bekanntlich oft
und manchmal auch
recht unverhofft.

Deshalb sagt die Kängurumutter
zum kleinen Känguru:
„Vergiss den Schirm nicht,
wenn du heute Nachmittag
mit dem kleinen Hund
spazieren gehst."

Das kleine Känguru mault.
„Ich mag den doofen Schirm
nicht mitschleppen", sagt es.
„Wir machen auch
gar keinen Spaziergang.
Wir gehen zusammen zum Bach
und gucken uns das Wasser an.
Außerdem scheint die Sonne.
Wozu soll ich da
einen Schirm brauchen?"

„Wenn du nass werden willst,
dann geh meinetwegen
ohne Schirm",
sagt die Kängurumutter.

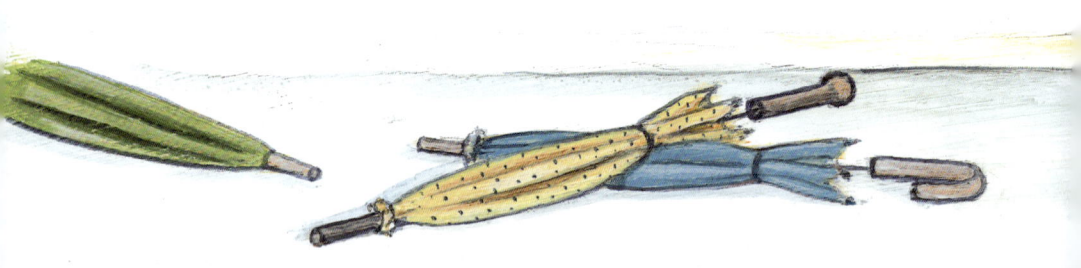

Kurz darauf
kommt der kleine Hund,
um das kleine Känguru
abzuholen.
„Hallo, kleines Känguru",
sagt er zur Begrüßung.
„Ich hab meinen Schirm
vergessen.
Habt ihr vielleicht einen alten,
den man mitnehmen kann?"

„Da hörst du es!",
sagt die Kängurumutter
zum kleinen Känguru.
„Dein Freund
ist viel vernünftiger als du.
Natürlich haben wir
einen Schirm, kleiner Hund,
sogar einen nagelneuen.
Einen gelben mit roten Tupfen.
Den dürft ihr mitnehmen."

So klemmt sich
das kleine Känguru
den Regenschirm unter den Arm
und hüpft
mit dem kleinen Hund los.

„Glaubst du wirklich,
dass es
auf unserem Spaziergang
regnet?",
fragt es unterwegs.

„Was redest du nur
für einen Quatsch!",
sagt der kleine Hund.
„Erstens machen wir
keinen Spaziergang.

BACH

Wir gehen zusammen zum Bach
und gucken uns
das Wasser an.
Und zweitens
scheint die Sonne.
Wie soll es da regnen?"

Das kleine Känguru
bleibt stehen.
„Wozu lässt du mich dann
den Schirm mitschleppen?",
fragt es empört.

„Den brauchen wir als Boot",
erklärt ihm der kleine Hund.

Das kleine Känguru staunt.
„Als Boot?"

„Klar, als Boot",
sagt der kleine Hund.
„Wenn wir schon
am Wasser sind,
müssen wir doch auch
ein Schiff schwimmen lassen.

Sonst macht es keinen Spaß.
Regenschirme
sind die besten Schiffe:
Man spannt sie auf,
setzt sie aufs Wasser
und schon
schwimmen sie los.
Wenn das Schiff
dann wieder anlegen soll,
zieht man es einfach
am Schirmgriff ans Ufer.
Da kriegt man
keine nassen Füße."

Das kleine Känguru
ist begeistert.
„Du, wir binden ein Taschentuch
als Fahne oben an den Griff.
Dann sieht er aus
wie ein Schiffsmast."

„Gute Idee",
sagt der kleine Hund.
„Da kann sich sogar
ein kleines Tier reinsetzen,
wenn es will.
Ein Käfer oder eine Spitzmaus.

Du wirst sehen:
Unser Schiff schwimmt besser
als ein Dampfer!"

„Meinst du?",
fragt das kleine Känguru.
„Komm,
wir probieren es gleich aus."

Aber als die beiden
am Bach ankommen,
hat sich eine dunkle Wolke
vor die Sonne geschoben.

Und als das kleine Känguru
gerade den Schirm
aufgespannt ans Ufer stellt,
um die Fahne
an den Schirmmast zu binden,
fallen schon
die ersten dicken Tropfen.
Gleich darauf
regnet es in Strömen.

„Schnell weg hier!
Los, wir suchen einen Baum
und stellen uns unter!",
ruft der kleine Hund.

„Mach doch, oder willst du
klatschnass werden?“

Das kleine Känguru lacht,
nimmt den Regenschirm,
dreht ihn um
und hält ihn über sich.
„Wozu brauchen wir
einen Baum,
wenn wir doch
einen Schirm haben?“,
fragt es.

Der kleine Hund
schlüpft schnell
mit unter den Regenschirm.
„Ich hab ganz vergessen,
dass man das Schiff
auch als Schirm
benutzen kann",
brummt er.

Paul Maar

Der kleine Wassermann

Die Tage kamen,
die Tage gingen.
Jeden Tag schien die Sonne
ein Weilchen länger
über dem Mühlenweiher.
Und jeden Tag
wurde der kleine Wassermann
ein bisschen älter.

Eines Morgens
sagte der Wassermannvater
zu ihm:
„Komm mit, mein Junge,
wir wollen ans Ufer schwimmen.
Es wird Zeit,
dass du deine Nase
einmal hinaussteckst."

Da schwammen sie also
ans Ufer,
und der kleine Wassermann
steckte zum ersten Male
in seinem Leben
den Kopf aus dem Wasser.
Gleich aber zog er ihn zurück.

„Warum tust du das?",
fragte der Wassermannvater.

Der kleine Wassermann
rieb sich die Augen.
„Es blendet mich", sagte er.
„Ist es dort oben
immer so hell?"

„Wenn die Sonne scheint,
ist es dort oben immer so hell",
gab ihm der Wassermannvater
zur Antwort.
„Aber du wirst dich
daran gewöhnen.
Du musst nur
die Augen zukneifen,
wenn du auftauchst,
dann geht es.
Oder, noch besser,
halte die Hände vor –
so …"

Und er zeigte
dem kleinen Wassermann,
wie er die Hände
vor das Gesicht halten sollte.

Sie tauchten
zum zweiten Mal auf.
Vorsichtig blinzelte
der kleine Wassermann
durch die Schwimmhäute
zwischen den Fingern hindurch.
Er kannte ja nur
das goldgrüne Dämmerdunkel
des Mühlenweihers.
Das volle Sonnenlicht
schmerzte ihn.

Aber langsam, ganz langsam
gewöhnten sich
seine Augen daran
und er schaute sich
neugierig um.
„Sieh nur,
die lustigen Fischlein dort!",
rief er als Erstes.

„Das sind keine Fischlein",
sagte der Wassermannvater.
„Das sind zwei Libellen."

„Aber sie schwimmen doch!",
meinte
der kleine Wassermann.

„Nein",
sagte der Wassermannvater.
„Sie fliegen.
Das ist etwas anderes.
Manches ist anders hier oben."

„Vor allem das Wasser
ist anders",
sagte der kleine Wassermann.
„Merkst du nicht auch,
dass es anders ist?
Heller und wärmer und dünner …"

„Das ist doch kein Wasser",
entgegnete der Vater.
„Das ist Luft."

„Luft?",
wiederholte der Junge.
„Was ist das?"

„Etwas, worin man
nicht schwimmen kann",
sagte der Wassermannvater.

Als sie das Schilf
hinter sich hatten,
machte der kleine Wassermann
große Augen.
Da sah er zum ersten Mal
eine Wiese.
Zum ersten Mal Blumen.
Zum ersten Mal einen Baum.

Und er spürte zum ersten Mal,
wie es ist, wenn der Wind weht
und einem das Haar zerzaust.

Alles war anders hier oben
als unten bei ihnen im Teich.
Alles war neu
und verwunderlich,
was er da sah.
Er fragte den Vater danach.
Und der Vater erklärte ihm alles.

Dann plötzlich streckte
der kleine Wassermann
seine Hand aus.

„Ein Wassermann!",
rief er erfreut.
„Aber was für ein großer!"

„Wo?", fragte der Vater
und kniff die Augen zusammen,
um besser sehen zu können.

„Dort drüben", sagte der Junge.
Er zeigte auf eine Gestalt,
die gerade über den Hügel kam.
„Siehst du ihn?"

„Ich sehe ihn", sagte der Vater.
„Aber ein Wassermann
ist das nicht."

„Es sind mehrere!",
sagte der Junge.
„Es muss eine Familie sein!
Ich werde sie rufen …"

„Nein, lass das!",
sagte der Wassermannvater.

„Es sind Menschen.
Sie brauchen
uns nicht zu entdecken.
Wir wollen ins Schilf kriechen!"
Da verkrochen sich beide
im Schilf.

Die Menschen, ein Mann,
eine Frau und zwei Kinder,
gingen nahe an ihnen vorüber.
Sie sahen weder
den großen Wassermann
noch den kleinen.

Aber die beiden Wassermänner
sahen die Menschen
umso besser
aus ihrem Versteck.

Und der kleine Wassermann
wunderte sich.
Weil die Menschen
so groß waren
und keine grünen Haare hatten.

„Schwimmhäute
haben sie auch nicht",
sagte der Wassermannvater
mit leiser Stimme.
„Manche von ihnen
können zwar schwimmen.
Aber sie schwimmen
sehr langsam.
Und wenn sie
ins Wasser springen,
dann müssen sie
gleich wieder auftauchen."

„Sonderbar",
meinte der kleine Wassermann.
„Warum müssen sie das?"

„Weil es eben
bloß Menschen sind",
sagte der Wassermannvater.
„Sie können im Wasser
nicht leben."

Da taten die Menschen
dem kleinen Wassermann leid
und er dachte:
Wie gut ist es,
dass ich ein Wassermann bin!

Otfried Preußler

Quellenverzeichnis

Erwin Moser, Die Distel
aus: Der blaue Turban,
Beltz Verlag, Weinheim und Basel 1992

Gina Ruck-Pauquèt, Pippa und der Vogeldrachen
Rechte bei der Autorin

Sven Nordqvist, Wie Pettersson wieder bessere Laune bekam
gekürzt aus: Armer Pettersson (Titel der Geschichte geändert),
Verlag Friedrich Oetinger, Hamburg 1987

Arnold Lobel, Der Frühling
aus: Das große Buch von Frosch und Kröte,
Deutscher Taschenbuch Verlag, München 1995

Paul Maar, Das kleine Känguru und der Regenschirm
gekürzt aus: Das kleine Känguru und seine Freunde
(Titel der Geschichte geändert),
Verlag Friedrich Oetinger, Hamburg 1991

Otfried Preußler, Der kleine Wassermann
gekürzt aus: Der kleine Wassermann,
K. Thienemanns Verlag, Stuttgart 1956